Innehåll

Mannen på stranden

Henning Mankell

Mannen på stranden
Fotografens död

Lättläst-Ausgabe
Bearbeitung: Johan Werkmäster

GROA
VERLAG

Der Verlag bedankt sich bei Laura Mendez Edkvist vom LL-förlaget, Stockholm, für die freundliche Unterstützung und die Erlaubnis zum Abdruck der Texte.

➡ Erfahren Sie mehr über die Lättläst-Bearbeitung auf www.groa.de.

1. Auflage 2012

Umschlag: Stefan Guttke
Umschlagfoto: Maret Guttke
Druck: ScandinavianBook

Printed in Germany - ISBN 978-3-933119-45-2

Besuchen Sie uns im Internet auf **www.groa.de**.
E-Mail: **kundenservice@groa.de**

1.

Det var en eftermiddag i slutet av april.
Kommissarie Kurt Wallander satt på sitt kontor
i polishuset i Ystad.
Klockan var strax efter fem.
Han reste sig och gick fram till fönstret.
Han tittade ut.
Träden vajade i den hårda vinden.
Det regnade.
Termometern visade fyra plusgrader.
Våren hade ännu inte kommit.

Wallander satte på sig jackan
och lämnade rummet.
Han gick ut ur polishuset och fram till sin bil.
Han körde in mot stadens centrum
och svängde sedan ut på Malmövägen.
Han stannade vid en stormarknad.

Mobiltelefonen ringde
just när Wallander skulle kliva ur bilen.
Det var en annan polis, Hansson, som ringde.

- Var är du? frågade Hansson.

- Jag skulle just handla mat, svarade Wallander.

- Vänta med det, sade Hansson.
Kom hit i stället. Jag är på sjukhuset.
Jag möter dig utanför.

- Vad är det som har hänt? frågade Wallander.

- Det är lite svårt att förklara, sade Hansson.
Det är bäst att du kommer hit.

Wallander körde till sjukhuset.
Det tog bara några minuter att komma dit.
Hansson mötte honom
vid sjukhusets stora ingång.
Det syntes att han frös i det kalla regnet.

- Du ska få prata med en taxichaufför,
sade Hansson till Wallander.
Han sitter där inne och dricker kaffe.
Han är mycket upprörd.

Wallander följde efter Hansson
till sjukhusets kafé.
Där satt taxichauffören.
Det var en tjock man i 50-årsåldern,
som hette Stenberg.
Han såg rädd ut.

- Vad är det som har hänt? frågade Wallander.

Stenberg berättade
att han hade kört ut till Svarte,
ett samhälle väster om Ystad.
En man som hette Alexandersson
hade beställt en taxi dit.
Han skulle vänta vid stora vägen.

- När jag kom fram till Svarte
stod mannen mycket riktigt där, sade Stenberg.
Han satte sig i baksätet
och bad att få bli körd in till stan.
Vi skulle stanna vid torget.
Jag såg i backspegeln att han blundade.
Jag trodde att han sov.
När vi kom in till stan
stannade jag vid torget.
Mannen reagerade inte.
Jag försökte väcka honom
men det gick inte.
Jag körde honom genast till sjukhuset.
Här sade läkarna att han var död.

- Var han död?
sade Wallander och rynkade pannan.

Både Stenberg och Hansson nickade.

- Mannen verkade inte sjuk
eller skadad på något sätt
när han steg in i taxin? frågade Wallander.

- Nej, det hade jag märkt, sade Stenberg.

- Vet vi vem mannen är? frågade Wallander.

Hansson tog fram ett anteckningsblock och läste.

- Göran Alexandersson, sade Hansson.
49 år gammal.
Egen företagare i databranschen.
Bosatt i Stockholm.
Han hade ganska mycket pengar
och många kreditkort i plånboken.

- Det hela verkar underligt
men jag antar att han fick en hjärtattack,
sade Wallander.
Vad säger läkarna?

- De vet inte hur han dog, sade Hansson.
De ska undersöka mannens kropp
för att ta reda på varför han dog.

***

En timme senare visste Wallander lite mer
om den döde mannen.
Hansson hade ringt till Stockholm
och pratat med Alexanderssons sekreterare.
Alexandersson hade varit gift
men var skild sedan tio år.
Hans enda barn, en son,
hade dött för snart sju år sedan.

– Frågade du vad han gjorde i Ystad?
sade Wallander.

– Ja, svarade Hansson.
Han hade sagt till sin sekreterare
att han skulle ha en veckas semester.
Han skulle bo på hotell Kung Karl
här i Ystad.

– Då åker vi dit, sade Wallander.

***

Wallander och Hansson sökte genom
Alexanderssons hotellrum.
De letade i över en timme
men hittade ingenting intressant.
Sedan pratade de med personalen på hotellet,
men det gav inte heller något resultat.

Alexandersson hade varken tagit emot
telefonsamtal eller besök på hotellet.

– Han bodde alltså här i Ystad
men han ringde efter en taxi ute i Svarte,
sade Wallander.
Frågan är hur han kom dit.

– Jag ska kolla med taxibolaget, sade Hansson.

De for tillbaka till polishuset.
Wallander gick in på sitt kontor.
Klockan var nästan åtta
när Hansson knackade på dörren.

– Har du fått reda på någonting?
frågade Wallander.

– Ja, jag har kollat med taxi,
sade Hansson.
Alexandersson har åkt taxi till Svarte
tre gånger under de fyra dagar
som han har varit i Ystad.
Varje gång har han blivit avsläppt
i utkanten av samhället.
Han har åkt dit tidigt på morgnarna.
På eftermiddagarna har han ringt till taxi igen
för att bli hämtad i Svarte.

Wallander nickade.

- Alexandersson hade kanske
en älskarinna i Svarte, sade han.

Wallander reste sig
och gick fram till fönstret.
Det blåste ännu kraftigare i träden nu.
Snart skulle det nog bli storm.

***

På morgonen två dagar senare
ringde det i Wallanders telefon.
Det var en läkare
som ville prata om Alexandersson.
Läkaren hade undersökt Alexanderssons kropp.

- Vad dog han av? frågade Wallander.
Var det hjärnblödning eller hjärtattack?

- Ingetdera, svarade läkaren.
Antingen begick han självmord
eller så blev han mördad.

- Mördad? sade Wallander förvånat.
Menar du att Alexandersson blev mördad
i baksätet på en taxi?

– Jag vet inte hur det gick till, sade läkaren.
Jag vet bara att han dog av ett gift.
Giftet måste ha blandats med något
som Alexandersson åt eller drack.

Det hade Wallander inte väntat sig.
Han hade aldrig trott
att Alexandersson blev mördad.

2.

Wallander satt på sitt kontor
och pratade med Hansson
och en annan polis,
som hette Ann-Britt Höglund.

– Det verkar alltså som om Alexandersson
blev mördad, sade Wallander.
Han dog inte en naturlig död.
Han blev förgiftad.
Vi vet inte när han fick giftet
och hur lång tid det dröjde
innan giftet verkade.

– Kan han ha begått självmord?
frågade Ann-Britt Höglund.

– Nej, jag tror inte det,
svarade Wallander.
Jag tror inte att en person
som vet att han har svalt ett dödligt gift
bryr sig om att ringa efter en taxi.
Jag är ganska säker på
att Alexandersson blev mördad.

De bestämde att Ann-Britt Höglund
skulle försöka få tag på kvinnan
som Alexandersson tidigare var gift med.
Hon bodde visst i Frankrike numera.
Hansson skulle tala med polisen i Stockholm
och be dem undersöka Alexanderssons lägenhet.

Mötet var slut.

Hansson och Ann-Britt Höglund
lämnade kontoret.
Wallander hällde upp en kopp kaffe.
Han ställde sig vid fönstret och funderade.
Han undrade var han skulle börja.

En halvtimme senare satte han sig i bilen
och körde ut till Svarte.
Solen sken och det blåste inte särskilt mycket.
Wallander fick en känsla av
att våren kanske äntligen var på väg.

Han stannade när han kom fram till Svarte.
Han steg ur bilen.

Det var alltså hit Alexandersson kom,
tänkte Wallander.
Alexandersson kom på morgonen
och for tillbaka till Ystad på eftermiddagen.

Det gjorde han flera dagar i rad.
Den fjärde dagen blev han förgiftad
och dog i baksätet på en taxi.

Wallander började gå genom samhället
som låg vid havet.
Många av husen vid stranden var sommarställen
som stod tomma vid den här tiden på året.
Wallander mötte bara två människor
under sin promenad.
Samhället verkade nästan öde.
Han vände och gick tillbaka till bilen.

Han skulle just köra iväg
när han fick syn på en gammal kvinna
i en trädgård.
Han gick fram till staketet.

– Ursäkta mig, ropade Wallander.

Kvinnan vände sig om
och tittade nyfiket på honom.

– Jag heter Kurt Wallander och är polis i Ystad,
sade han.

Kvinnan kom fram till staketet
och räckte fram sin hand.

– Jag heter Agnes Ehn, sade hon.

– Det är vackert här, sade Wallander.
Bor du i Svarte året om?

– Nej, bara under sommarhalvåret, sade hon.
Jag brukar flytta hit i början av april.
Sedan stannar jag till oktober.
På vintrarna bor jag i Halmstad.
Jag är pensionerad lärare.
Min man dog för några år sedan.

– Har du sett en ensam man
som har kommit hit i taxi några gånger
under den senaste veckan?
frågade Wallander.

Han blev överraskad av hennes svar.
– Ja, han lånade min telefon
för att beställa taxi, sade hon.
Om det nu är den mannen du menar.
Han var mycket artig.
Han sade att han hette Alexandersson.

– Det är Alexandersson jag tänker på,
sade Wallander.

– Har det hänt någonting? frågade Agnes Ehn.

– Ja, tyvärr, sade Wallander.
Alexandersson är död.

Kvinnan såg förskräckt ut.

– Så förfärligt, sade hon. Vad hände?

– Det vet jag inte än, svarade Wallander.
Än så länge vet jag bara att han är död.
Har du någon aning om
vad han gjorde här i Svarte?
Han måste väl ha hälsat på någon.

Kvinnan tänkte efter.
Det var inte mycket hon visste.

– Han gick nere på stranden, sade hon.
På andra sidan huset går en stig ner till stranden.
Alexandersson följde stigen.
Sedan gick han bortåt längs stranden.
Först på eftermiddagen kom han tillbaka.

– Var han ensam? frågade Wallander.

– Ja, men han kan förstås ha träffat någon
längre bort, svarade Agnes Ehn.
Stranden böjer av
så jag kan bara se en bit av den.

Wallander fortsatte att ställa frågor
och Agnes Ehn svarade så gott hon kunde.
Alexandersson hade aldrig verkat orolig
eller konstig på något sätt.
Han var snäll, artig och vänlig.

– Han ville absolut betala för telefonsamtalen,
sade hon. Så tragiskt att han är död.
Det var en mycket trevlig man.

Wallander nickade.
Han gav henne sitt telefonnummer
och bad henne ringa
om hon kom på något mer.
Sedan sträckte han fram sin hand
och tackade för hjälpen.

Han gick runt huset
och följde stigen ner till stranden.
Han gick ända ner till vattnet.
Stranden var övergiven.
Det fanns ingen annan människa där,
men när Wallander vände sig om kunde han se
att Agnes Ehn stod och såg efter honom.

Alexandersson måste ha träffat någon
här på stranden eller någon annanstans
i Svarte, tänkte Wallander.

Frågan är bara vem.

Han vandrade längs stranden en stund.
Sedan återvände han till bilen
och åkte in till polishuset i Ystad.
Han gick in på sitt rum
och stängde dörren.

När klockan var ett
började han bli hungrig.
Han satte på sig jackan
för att gå ut och äta lunch.
Just då knackade det på dörren.
Det var Hansson.
Det syntes att han hade något viktigt att säga.

– Som du minns hade Alexandersson en son
som dog för sju år sedan,
sade Hansson till Wallander.
Sonen blev mördad.
Ingen har gripits
eller blivit dömd för mordet.

Wallander såg länge på Hansson.

– Bra, sade han sedan.
Nu har vi något att gå efter.
Fast jag vet inte riktigt vad det är.

Hungern som han tidigare hade känt
var nu alldeles borta.
Han hade fått annat att tänka på.

3.

Klockan fyra på eftermiddagen
knackade Ann-Britt Höglund på Wallanders dörr.

– Jag har fått tag på Alexanderssons fru,
sade hon och steg in i rummet.
De har varit skilda i många år
och pratar inte längre med varandra.
Men hon blev förstås chockad
när jag berättade att Alexandersson är död.

– Hade hon någon aning om
varför han var här i Skåne? frågade Wallander.

– Nej, svarade Ann-Britt Höglund.
Hon kände inte heller till någon person
som skulle ha anledning
att mörda Alexandersson.

– Frågade du något om deras son,
pojken som blev mördad? undrade Wallander.

– Nej, det gjorde jag inte,
sade Ann-Britt Höglund.

– Det borde du nog ha gjort, sade Wallander.
Du får ringa Alexanderssons fru igen.

Ann-Britt Höglund nickade och lämnade rummet.

***

Wallander gick ut ur polishuset
strax före klockan fem.
Han satte sig i bilen och körde mot Svarte.
Den här gången parkerade han bilen
längre in i samhället.

Han öppnade bagageluckan
och tog fram ett par gummistövlar,
som han satte på sig.
Sedan gick han ner till stranden.

Alexandersson måste ha träffat någon
här på stranden, tänkte Wallander.
Han måste, rättare sagt,
ha stämt möte med någon.
Man träffar inte en giftmördare av en slump.

Wallander promenerade längs stranden
och tittade på villorna som han gick förbi.
I ungefär vart tredje hus
verkade det finnas människor.

Nästa dag skulle Wallander
och Ann-Britt Höglund börja knacka dörr.
De skulle knacka på hos människor
som bodde här,
och fråga dem om Alexandersson.
Någon måste ha sett honom gå längs stranden.
Någon måste ha sett honom
möta en annan människa.

Plötsligt upptäckte Wallander
att han inte var ensam på stranden.
En äldre man kom gående mot honom.
Han hade en stor svart hund
som lydigt sprang vid hans sida.

Mannen lyfte på hatten och hälsade
när han kom fram till Wallander.

– Våren är sen i år, sade mannen.

– Ja, men den kommer nog snart,
svarade Wallander.

Han böjde sig ner
och klappade mannens hund.

– Jag antar att ni går här varje dag,
sade Wallander.

– Ja, jag bor här sedan jag blev pensionär.
Jag bor i huset där borta,
sade mannen och pekade.

Wallander nickade.

– Jag är polis i Ystad, sade han.
Har ni möjligen sett en ensam man,
som har promenerat här på stranden
under de senaste dagarna?

– Nej, vem skulle det har varit?
sade mannen och log.
Vid den här tiden på året
är det bara jag som brukar gå här.

– Är ni alldeles säker? frågade Wallander.

– Ja, jag är ute med hunden
tre gånger om dagen, sade mannen.
Jag har inte sett någon ensam människa
gå omkring här,
inte förrän nu när jag fick syn på er.

Wallander nickade.

– Då ska jag inte störa er mer, sade han.

Wallander fortsatte att gå.
Efter en stund stannade han och vände sig om.
Då hade mannen med hunden försvunnit.

Den mannen vet någonting, tänkte Wallander.
Han hade sett i hans ögon
att han visste något som han inte ville berätta.
Wallander undrade
vad mannen egentligen visste.

Wallander såg sig om ännu en gång.
Stranden var tom.
Han stod alldeles stilla i flera minuter.
Sedan gick han tillbaka till bilen
och körde hem.

4.

Wallander vaknade tidigt nästa morgon.
Han var svettig.
Han hade drömt en mardröm,
men han kom inte ihåg
vad drömmen handlade om.

Han duschade.
Sedan drack han kaffe och läste tidningen.

När han körde till polishuset
sken solen från en blå himmel.
Dagen skulle bli ganska varm.
Våren hade äntligen kommit.

Klockan åtta hade Wallander ett möte
med Hansson och Ann-Britt Höglund.

– Jag har pratat med Alexanderssons fru igen,
sade Ann-Britt Höglund.
Jag frågade om den döde sonen.
Hon ville inte säga så mycket.
Han blev nerslagen på en gata i Stockholm.
Det var ett helt meningslöst överfall.

Han blev inte ens rånad.

– Jag tror fortfarande att Alexanderssons död
kan ha något att göra med sonens död,
sade Wallander.

Han vände sig till Hansson.

– Du får ta reda på fler uppgifter
om överfallet på pojken, sade han.
Jag och Ann-Britt åker ut till Svarte
och knackar dörr.

***

Kurt Wallander och Ann-Britt Höglund
körde ut mot Svarte.

– Det är vackert i Skåne,
sade Ann-Britt Höglund.

– Ja, i alla fall i dag när solen skiner,
svarade Wallander.

De parkerade mitt inne i samhället.
De hade förstorat fotografiet
på Alexanderssons körkort.
De hade gjort kopior av fotot.

De skulle visa fotografiet
för människor som bodde i Svarte
och fråga om de hade sett Alexandersson.

- Vi börjar med villorna vid stranden,
sade Wallander.
Vi går från var sitt håll och möts på mitten.
Försök också att ta reda på
vilka som brukar bo i de tomma husen.

- Vad är det egentligen du hoppas att få veta?
frågade Ann-Britt Höglund.

- Sanningen, svarade Wallander.
Någon måste ha sett Alexandersson
där nere på stranden.
Någon måste ha sett honom
möta en annan människa.

***

Ann-Britt Höglund började med huset
där Agnes Ehn bodde.

Wallander började från andra hållet.
I det första huset
öppnade en kvinna i 30-årsåldern.
Hon var klädd i en fläckig overall.

– Jag tycker inte om att bli störd,
sade kvinnan irriterat till Wallander.

– Jag är polis, sade han.
Jag undrar om du har sett en ensam man
gå längs stranden under de senaste dagarna?

– Jag målar med gardinerna fördragna,
svarade hon.
Jag har inte sett någonting.

– Är du konstnär? frågade Wallander.

– Ja, sade kvinnan. Det är väl inte straffbart.

– Och du har inte sett någonting?
sade Wallander igen.

Kvinnan ruskade på huvudet.

– Då ska jag inte störa mer, sade Wallander.

Kvinnan stängde och låste dörren.
Wallander gick vidare till nästa hus.
Det var ett ganska nytt hus i två våningar.

När han ringde på dörren
började en hund att skälla inne i huset.

Wallander väntade.
Hunden slutade att skälla.
Dörren öppnades av den gamle mannen
som Wallander hade träffat på stranden.

– Jaså, är det ni igen, sade mannen.

Han verkade inte förvånad.

– Jag går runt och ringer på hos folk
som bor längs stranden, sade Wallander.

– Jag har redan sagt
att jag inte har sett någonting, sade mannen.

Wallander nickade.

– Ibland kommer man på saker i efterhand,
sade han.

Mannen steg åt sidan
och släppte in Wallander.
Hunden luktade nyfiket på honom.

– Bor ni här året om? frågade Wallander.

– Ja, sade mannen.
I över tjugo år var jag läkare i Nynäshamn.

När jag blev pensionär
flyttade jag och min hustru hit.

– Kanske har er hustru sett någonting.
Är hon här? frågade Wallander.

– Hon är sjuk, sade mannen.
Hon har inte sett någonting.

Wallander tog fram ett anteckningsblock.

– Vad heter ni? frågade han.

– Ture Stenholm, svarade mannen.
Min hustru heter Kajsa.

– Då ska jag inte störa mer, sade Wallander.
Men jag kommer kanske tillbaka om några dagar
för att prata med er fru.

– Det är ingen idé, sade Ture Stenholm.
Hon är mycket sjuk.
Hon har cancer och kommer snart att dö.

– Jag förstår, sade Wallander.
Då ska jag inte komma tillbaka och störa.

Ture Stenholm öppnade dörren för honom.

– Var er hustru också läkare? frågade Wallander.

– Nej, svarade mannen.
Hon var jurist. Hon var åklagare.

Wallander besökte tre hus till
men fick inte veta något mer om Alexandersson.
Han gick tillbaka till bilen
och väntade på Ann-Britt Höglund.
Hon hade inte heller något nytt att berätta.
Ingen annan än Agnes Ehn
hade sett Alexandersson på stranden.

De satte sig i bilen
och for tillbaka till Ystad.

***

Wallander kom just in på sitt kontor
när telefonen ringde.
Det var läkaren som hade undersökt
Alexanderssons döda kropp.
Han hade mer att berätta om giftet.

– Alexandersson kan ha fått i sig giftet
utan att märka det, sade läkaren.
Det går inte att säga hur fort det verkar,
men det dröjer nog minst en halvtimme.

När döden sedan kommer,
så kommer den mycket hastigt.

Wallander tackade läkaren
och avslutade samtalet.
Han kallade till sig
Ann–Britt Höglund och Hansson.
Han berättade om samtalet nyss.
Sedan började han prata
om en annan läkare, Ture Stenholm,
den gamle mannen
som bodde vid stranden i Svarte.

– Jag har en känsla av att det är i hans hus
som vi kommer att hitta lösningen,
sade Wallander.

– Läkare känner till gifter,
sade Ann-Britt Höglund.

– Ja, men det är inte det jag tänker på,
sade Wallander.
Det är någonting annat.
Jag kommer bara inte på vad det är.

Han bad Hansson
att ta reda på så mycket som möjligt
om Ture Stenholm och hans hustru.

Wallander, Hansson och Ann-Britt Höglund
skulle inte ses på några dagar.
Det var dagen före Valborgsmässoafton.
Under helgen skulle alla tre ha ledigt.

5.

Under helgen besökte Wallander sin gamle far.
Han passade också på att måla om sitt kök.
De lediga dagarna gick fort.
Snart var han tillbaka i arbetet på polishuset.

Hansson kom in på Wallanders kontor.
Han hade tagit reda på så mycket som möjligt
om Ture Stenholm och hans hustru.

- Jag har inte hittat något misstänkt,
sade han.
Ingen av dem tycks någonsin ha gjort
något olagligt eller skumt.
Hustrun, Kajsa Stenholm, var jurist.
Hon var åklagare i Nynäshamn under många år.

- Ja, jag vet, sade Wallander.

Hansson lade en pärm med papper
på Wallanders skrivbord.

- Här har jag samlat allt jag vet
om Ture och Kajsa Stenholm, sade han.

Wallander tackade Hansson.
När han var ensam
började Wallander titta i pärmen.
Det tog honom en timme
att noggrant läsa genom alla papper.
Han hittade inget misstänkt.
Ändå var han säker på att Stenholm
hade något att göra med Alexanderssons död.

Wallander gick in till Ann-Britt Höglund.
Han gav henne pärmen.

– Jag vill att du läser genom det här, sade han.
Varken Hansson eller jag
har hittat något konstigt,
men du kommer kanske på något.

Sent samma eftermiddag
lämnade Ann-Britt Höglund tillbaka pärmen
till Wallander.
Hon skakade på huvudet.
Hon hade inte heller hittat något mystiskt.

– Vi får börja från början, sade Wallander.
Vi ses i morgon bitti och bestämmer
vad vi ska göra härnäst.

***

Strax därpå lämnade Wallander polishuset
och for till Svarte.
Han tog en promenad längs stranden.
Han mötte ingen.

Sedan satte han sig i bilen
och läste genom pärmen en gång till.

Vad är det som jag inte ser? tänkte han.
Det finns ett samband
mellan den gamle läkaren och Alexandersson.
Det är bara jag som inte upptäcker det.

Wallander körde tillbaka till Ystad.
Han tog med sig pärmen upp till sin lägenhet.
Sent på kvällen satte han sig i köket
och läste genom papperen igen.

Plötsligt lade han märke till en sak,
som han inte hade tänkt på förut.
Det var bara en detalj,
som antagligen inte betydde något.
Han bestämde sig ändå för
att undersöka saken nästa morgon.

Den natten sov Wallander dåligt.

***

Nästa morgon regnade det i Ystad.
Wallander var på plats i polishuset
redan klockan sju.
Han drack en kopp kaffe.
Sedan gick han till den del av polishuset
där åklagaren Per Åkesson hade sitt rum.
Wallander visste att Åkesson
också brukade vara där tidigt på morgonen.
Han knackade på dörren.
En röst bad honom att stiga in.

– Jaså, är du här så tidigt, sade Åkesson.
Då har du väl ett viktigt ärende.

– Jag vet inte om det är viktigt, sade Wallander.
Men jag behöver din hjälp.

Han berättade kortfattat
om Göran Alexanderssons död.
Han berättade också om läkaren, Ture Stenholm.

– Jag behöver din hjälp med hans hustru,
sade Wallander.
Kajsa Stenholm var din kollega.
Hon var också åklagare.
Hon arbetade mest i Nynäshamn,
men under några korta perioder
arbetade hon även som åklagare i Stockholm.

Wallander bläddrade i sina papper
innan han fortsatte.

– För sju år sedan var Kajsa Stenholm åklagare
i Stockholm under några månader.
Det var samtidigt som Alexanderssons son
blev överfallen och dödad där.
Jag behöver din hjälp för att få veta
om det finns ett samband.

– Hur gammal var sonen? frågade Åkesson.

– Han var arton år när han dog,
svarade Wallander.
Han hette Bengt Alexandersson.
Kanske var Kajsa Stenholm inblandad
som åklagare i utredningen om pojkens död.
Kan du ta reda på det?

Åkesson nickade.

– Jag ska göra vad jag kan, sade han.
Men vänta dig inte för mycket.

* * *

Tre timmar senare
ringde Åkesson till Wallander.

– Det gick faktiskt fortare än jag trodde
att ta reda på hur det låg till, sade Åkesson.

– Nå, vad kom du fram till?
frågade Wallander otåligt.

– Att du faktiskt hade rätt, sade Åkesson.
Kajsa Stenholm var åklagare i Stockholm
när Alexanderssons son blev mördad.
Det var hon som ledde undersökningen
om pojkens död.
Det var också hon som lade ner undersökningen,
när man inte hittade någon misstänkt.
Hon tyckte inte att det var någon idé
att fortsätta att leta efter den som dödat pojken.
Mördaren kunde aldrig gripas.

– Tack för hjälpen, sade Wallander.
Jag hör av mig senare.

Wallander lade på luren.
Sedan reste han sig och gick fram till fönstret.
Rutan var immig av fukt.
Det regnade kraftigt ute.
Han stod där och funderade en stund.

Sedan ringde han till
Hansson och Ann-Britt Höglund.

Han bad dem att genast komma till hans rum.

Två minuter senare var båda där.

Wallander berättade vad han hade fått veta.
Kajsa Stenholm skötte undersökningen
om Bengt Alexanderssons död.

– Men det behöver väl inte betyda
att hon har något att göra med faderns död,
sade Ann-Britt Höglund.
Du berättade ju att hon är dödssjuk.

– Det var hennes man som påstod det,
sade Wallander.
Jag har själv inte träffat henne.

– Jag vet inte vad jag ska tro, sade Hansson.
Jag förstår inte hur det hänger ihop.

– Det finns bara ett sätt att ta reda på det,
sade Wallander.
Jag tar med mig Ann-Britt och åker ut till Svarte.
Vi måste gå in i Stenholms hus för att få veta
vad som egentligen hände.

6.

Kurt Wallander och Ann-Britt Höglund
for ut till Svarte.
De parkerade bilen nära Stenholms villa.
De gick in genom grinden och fram till huset.
Wallander ringde på.
Dörren öppnades nästan genast
av den gamle läkaren.
Konstigt nog syntes hunden inte till.

– Jag hoppas att vi inte stör, sade Wallander.
Vi måste ställa några fler frågor.

– Om vad då? undrade Ture Stenholm vresigt.

Han verkade irriterad och rädd.

– Jag vill ställa några frågor
om mannen på stranden, sade Wallander.

– Jag har redan sagt
att jag inte har sett honom, sade Stenholm.

– Jag vill gärna tala med er fru, sade Wallander.

- Det går inte, svarade Stenholm.
Hon är dödssjuk.
Hon ligger i sin säng.
Vad skulle hon ha sett?
Jag förstår inte
varför ni inte kan lämna oss i fred!

Wallander nickade.

- Då ska vi inte störa mer,
sade Wallander.
I alla fall inte just nu.
Men vi kommer tillbaka,
och då blir ni tvungen att släppa in oss.

Han tog Ann-Britt Höglund i armen
och började gå mot grinden.
Bakom dem slogs dörren igen.

- Varför gav du dig så lätt?
frågade Ann-Britt Höglund.

- Det skadar inte att ge folk tid att tänka efter,
sade Wallander.
Dessutom måste jag ha ett papper
från åklagare Åkesson.
Jag behöver hans tillstånd för att gå in
och undersöka Stenholms villa.

– Är det verkligen Ture Stenholm
som har dödat Alexandersson?
undrade Ann-Britt Höglund.

– Ja, sade Wallander.
Jag är säker på att det är han.
Men jag vet fortfarande inte
hur allt hänger ihop.

De åkte tillbaka till Ystad.

Samma eftermiddag
fick Wallander tillstånd av åklagaren Åkesson
att gå in och undersöka Stenholms villa.
Men Wallander bestämde sig för
att vänta med att åka tillbaka till Svarte.
Han skulle vänta till morgonen därpå.

***

Wallander vaknade tidigt nästa morgon.
Han drog upp rullgardinen
och såg att dimman låg tät över Ystad.

Han tog fram telefonkatalogen
och letade efter telefonnumret
till Ture och Kajsa Stenholm.
Det fanns inte i katalogen.

Han ringde till nummerupplysningen
och fick veta att deras nummer var hemligt.

Wallander nickade för sig själv.
Det var precis vad han hade väntat sig.

Han bestämde sig
för att åka ensam ut till Svarte.
Han skulle inte ta med sig Ann-Britt Höglund.

Dimman låg tät längs kusten.
Wallander körde mycket långsamt.

Klockan var några minuter i åtta
när han parkerade vid Stenholms villa.

Han gick in genom grinden
och ringde på dörren.
Först efter den tredje signalen
öppnade den gamle mannen.
När han fick syn på Wallander
försökte han slå igen dörren.
Men Wallander hann sätta foten emellan
och tryckte upp dörren.

– Ni har ingen rätt att bryta er in!
skrek den gamle mannen.

– Jag bryter mig inte in, sade Wallander.
Jag har fått tillstånd av åklagaren
att undersöka ert hem.

Ture Stenholm såg plötsligt mycket trött ut.

– Kom in då, sade han stillsamt.

Wallander följde efter honom till ett rum
med många bokhyllor fyllda av böcker.
Hunden syntes inte till.
Wallander och Stenholm satte sig i varsin fåtölj.

– Har ni verkligen inget att säga mig?
frågade Wallander.

– Jag har inte sett någon man på stranden,
sade Stenholm.
Min hustru har inte heller sett någon.
Hon ligger på övervåningen.
Hon är svårt sjuk.

Wallander suckade.
Han bestämde sig för att gå rakt på sak.

– Er hustru har varit åklagare, sade han.
Under några månader 1987
arbetade hon i Stockholm.

Hon hade bland annat hand om en undersökning
som gällde 18-årige Bengt Alexanderssons död.
Eftersom man inte hittade någon misstänkt
avbröt er hustru undersökningen efter en tid.
Minns ni händelsen?

– Naturligtvis inte, svarade Stenholm.
Jag och min hustru brukade aldrig
prata med varandra om våra arbeten.

– Mannen som har gått omkring här på stranden
är far till den döde Bengt Alexandersson,
sade Wallander.
Mannen blev förgiftad
och dog i baksätet på en taxi.
Har ni ingenting att säga om det?

Den gamle läkaren satt tyst.
Han tänkte tydligen inte säga någonting.

– När ni blev pensionär flyttade ni
från Nynäshamn till Skåne, sade Wallander.
Ni flyttade till Svarte, ett litet samhälle
som inte många känner till.
Ni står inte ens i telefonkatalogen
eftersom ert nummer är hemligt.
Det kan förstås bero på att ni vill vara i fred,
men det kan också finnas ett annat skäl.

Jag tror att ni flyttade hit i hemlighet
för att slippa ifrån någonting,
för att slippa en viss person.
Var det inte så?

Wallander tittade på Stenholm,
men den gamle mannen
ville fortfarande inte säga någonting.

– Ni och er hustru flyttade hit
för att slippa Alexandersson, fortsatte Wallander.
Alexandersson hatade er fru.
Han tyckte inte att hon hade försökt att lösa
det meningslösa mordet på hans enda barn.
Alexandersson förföljde er.
Ni flyttade hit, men han hittade er.

Ture Stenholm suckade tungt,
men han sade fortfarande ingenting.

– Ni trodde att ni hade lyckats smita
från Alexandersson, fortsatte Wallander.
Men en dag fick ni en chock.
Ni mötte honom på stranden
när ni var ute med er hund.
Han anklagade er hustru
för att inte mordet hade blivit löst.
Han tyckte att det var hennes fel.

Han var hotfull.
Han kom tillbaka varje dag.
Ni visste inte hur ni skulle bli av med honom.
Till sist bjöd ni in honom i huset.
Gjorde ni inte det?

Ture Stenholm stönade till.
Sedan nickade han.

– Ni bjöd in Alexandersson, sade Wallander.
Ni lovade att han skulle få tala
med er sjuka hustru.
Ni gav honom en kopp kaffe,
som ni hade lagt gift i.
Sedan bad ni honom plötsligt
att komma tillbaka nästa dag.
Ni påstod kanske att er hustru sov
eller att hon hade mycket ont.
Problemet var löst.
Alexandersson hade fått i sig giftet.
Ni visste att han snart skulle dö
av något som liknade en hjärtattack.
Var det inte så det gick till?

Den gamle mannen satt orörlig.
Wallander väntade.
Genom fönstret kunde han se
att dimman fortfarande var tät.

– Min hustru gjorde aldrig något fel,
sade Ture Stenholm plötsligt.
Det var tiderna som hade förändrats.
Brotten blev fler och grövre.
Poliser och åklagare kunde inte göra något åt det.
Det var inte deras fel.
Det vet ni väl själv som polis?

Wallander nickade.

– Men Alexandersson gav min hustru skulden,
fortsatte den gamle mannen.
Han tyckte att det var hennes fel
att mordet på hans son aldrig blev löst.
Han förföljde och hotade oss under flera år.
Vi trodde att vi skulle slippa honom
när vi flyttade hit,
men en dag var han tillbaka.

Ture Stenholm tystnade.
Sedan reste han sig ur fåtöljen.

– Låt oss gå upp till min hustru, sade han.
Hon kan berätta själv.

7.

Kurt Wallander och Ture Stenholm
gick en trappa upp till övervåningen.
Kajsa Stenholm låg i en säng
i ett stort och ljust rum.
Hunden låg på golvet.

- Min fru sover inte, sade mannen.
Ni kan gå fram och prata med henne.

Wallander gick fram till kvinnan.
Hon var mycket mager.
Genom ansiktets hud kunde man se kraniet.
Det var nästan som att titta på en dödskalle.

Plötsligt förstod Wallander att kvinnan var död.
Han vände sig hastigt om.
Den gamle mannen stod kvar i dörröppningen.
I ena handen höll han en pistol.
Han riktade pistolen mot Wallander.

- Jag förstod att ni skulle komma tillbaka,
sade Ture Stenholm.
Därför var det lika bra att hon fick dö.

– Ta bort pistolen, sade Wallander.

Den gamle mannen skakade på huvudet.
Wallander kände sig förlamad av rädsla.
Sedan gick allt mycket fort.
Mannen riktade pistolen mot sitt eget huvud.
Han tryckte av.

Det dånade i rummet.
Skottet kastade Stenholms kropp
halvvägs ut genom dörren.
Blodet sprutade över väggarna.
Den gamle mannen var död.

Wallander trodde nästan att han skulle svimma.
Han raglade ut genom dörren
och nerför trappan.
Han tog fram sin mobiltelefon
och slog numret till polishuset.

– Får jag tala med Hansson eller Höglund,
sade han. Fort som fan!

Efter en liten stund
fick han prata med Ann-Britt Höglund.

– Det är över nu, sade Wallander.
Jag är ute i huset i Svarte.

Det finns två döda människor här.

– Vad är det som har hänt?
frågade Ann-Britt Höglund.
Är du skadad?

– Nej, svarade Wallander. Skynda er hit.

Wallander gick ut ur huset.
Stranden var insvept i dimma.
Han stod där i dimman och väntade på
att poliserna från Ystad skulle komma.
Han kände sig sorgsen och nedstämd.
Än en gång hade han varit med om en tragedi.
Ibland undrade han
om han inte borde ha valt ett annat yrke.

Efter en stund stannade flera polisbilar
och ambulanser utanför Stenholms hus.
Ann-Britt Höglund steg ur en av bilarna.
Hon fick syn på Wallander.
Han såg ut som en svart skugga
i den vita dimman.

– Vad är det som har hänt? frågade hon igen.

– Vi har löst mordet på mannen
som dog i baksätet på taxin, sade Wallander.

Ann-Britt Höglund tittade på honom.
Hon trodde väl att han skulle berätta mer.

– Ingenting annat, sade Wallander.
Det är faktiskt det enda som vi har gjort.

Sedan började han sakta gå bortåt längs stranden.
Snart hade han försvunnit i dimman.

Fotografens död

Mordet

Det var en kväll i mitten av april.
Klockan var strax efter åtta.
Simon Lamberg gick längs stadens tomma gator.
Det var ganska kallt och han ångrade
att han inte hade satt på sig en varmare tröja.

Han var på väg till Sankta Gertruds torg
mitt i Ystad.
Där låg hans fotoateljé.
Simon Lamberg var fotograf.
Han hade nyss fyllt 50 år och hade fotograferat
människor i mer än 25 års tid.
Arbetet skötte han på dagarna,
men han brukade också gå till ateljén
två kvällar i veckan.
De var de bästa stunderna i hans liv,
kvällarna då han var ensam med sina bilder
i ateljéns bakre rum.

Han var framme.
Han låste upp och steg in.
Det var mörkt i lokalen.
Han brydde sig inte om att tända.

Han gick genom den mörka ateljén
till det bakre rummet
där han framkallade bilder.

När han kom in i rummet
stängde han dörren och tände ljuset.
Han hängde av sig jackan och satte på radion,
som spelade klassisk musik.
Sedan hällde han vatten i kaffebryggaren
och diskade en kopp.
Han trivdes i detta rum.

Det var hans alldeles egna, heliga rum.
Hit släppte han ingen annan än sin städerska.
Här var han ensam, en härskare.

Det var dags att ta itu med kvällens uppgift.
Simon Lamberg hade en hobby.
Han hade ett fotoalbum
med bilder på kända personer.
Men det var inga vanliga bilder.
Han hade själv ändrat på bilderna
så att personerna blev fula, äckliga och små.

I kväll tänkte han göra
en egen bild av statsministern.
Han hade klippt en bild av Sveriges statsminister
ur en tidning.

Sedan hade han fotograferat av bilden
och förstorat den.
Han lade bilden framför sig på bordet
samtidigt som han smakade på kaffet
och lyssnade på den klassiska musiken.

Var skulle han börja?
Han bestämde sig för att börja med ögonen.
Han skulle göra ögonen små och sneda.
Sedan skulle han skära bort munnen,
eller kanske sy igen den.
Politiker pratade alldeles för mycket.

I flera timmar arbetade han med bilden.
Med penna, pensel och kniv
ändrade han på statsministerns ansikte.
Men det viktigaste var fortfarande kvar.
Han skulle förminska bilden.
Med hjälp av sina apparater
gjorde han fotografiet mindre och mindre.

Klockan var nästan halv tolv
när han var färdig.
Statsministerns förvridna ansikte
var nu litet som ett passfoto.
Ännu en gång
hade han förminskat en maktgalen människa.
Han klistrade in bilden i sitt album.

Han reste sig, stängde av radion
och släckte lamporna.
Det var dags att gå hem.
Plötsligt kände han att något inte stämde.
Han tyckte att han hörde ljud utifrån ateljén.
Hade någon brutit sig in i affären?
Han stod stilla och lyssnade
men hörde inget mer.

Jag inbillar mig bara, tänkte Simon Lamberg.

Han öppnade dörren och gick
från det bakre rummet ut i den mörka ateljén.
Sedan hände allt mycket fort.
Han såg en skugga framför sig.
Han försökte fly, försökte springa,
men hann bara några steg.
Något träffade honom hårt i huvudet,
och hela hans värld exploderade.

Simon Lamberg var död
innan han nådde golvet.
Klockan var då 17 minuter i tolv,
snart midnatt.

Drygt fem timmar senare
kom städerskan till ateljén.
Hon hette Hilda Waldén.

Hon låste upp dörren, steg in
och fick genast syn på den döde mannen.
Blodet hade runnit ut runt hans kropp.

Hon flydde ut på gatan.
Hon skrek.

Brottsplatsen

Det var tidig morgon.
Klockan var tio minuter över sex.
Kommissarie Kurt Wallander
vaknade av telefonen.
Det var en annan polis, Martinsson, som ringde.

– Väckte jag dig? frågade Martinsson.

– Ja, svarade Wallander.
Vad är det som har hänt?

– Jag fick just veta att en man har mördats
i en lokal vid Sankta Gertruds Torg.

– Vet vi vem den döde är? frågade Wallander.

– Det verkar vara fotografen
som har sin ateljé vid torget.
Just nu har jag glömt hans namn.

– Menar du Lamberg? frågade Wallander.

– Ja, svarade Martinsson.

Så heter han. Simon Lamberg.
Det var städerskan som hittade honom.

Wallander tänkte efter.
Han såg på väckarklockan
som stod intill sängen.

– Vi ses om en kvart, sade han sedan.

De avslutade telefonsamtalet.
Wallander blev sittande i sängen.
Han visste mycket väl vem den mördade var.
Lamberg hade tagit bröllopsfotot
när han gifte sig med Mona.
Numera var de skilda.

Wallander klädde på sig
och lämnade lägenheten.
Det var blåsigt och kallt ute.
Dessutom regnade det.
Han satte sig i bilen.
Det tog honom bara några minuter
att köra till torget.
Martinsson kom dit samtidigt.
Två polisbilar stod redan parkerade
utanför fotoateljén.
En grupp människor hade samlats.
Wallander och Martinsson gick in i lokalen.

Den döde låg framstupa på golvet
med huvudet i en pöl av blod.
Wallander böjde sig ner
och pekade på ett stort sår i Lambergs huvud.

– Hela bakhuvudet är inslaget,
sade han med obehag.

Sedan såg han sig omkring.
Allt tycktes vara i sin ordning.
Inget slagsmål verkade ha ägt rum.
Inte heller såg han något
som kunde ha varit mordvapnet.

Wallander öppnade dörren
till det bakre rummet.
Där hade Lamberg tydligen haft sitt kontor.
Där hade han också framkallat bilder.
Allt verkade vara i sin ordning även där.
Skrivbordslådorna var stängda.

– Det ser inte ut som inbrott,
sade Martinsson.

– Det vet vi inte än, svarade Wallander.
Var Lamberg gift?

– Ja, städerskan påstod det, sade Martinsson.

– Då måste vi först berätta för hans fru
vad som har hänt, sade Wallander.
Ring Ann-Britt Höglund.
Hon får åka och prata med fru Lamberg.

Martinsson försvann ut på gatan.
Wallander stannade kvar i ateljén.
Han försökte föreställa sig vad som hänt.
Så snart som möjligt måste han prata
med städerskan som hade funnit kroppen.

Plötsligt dök Nyberg upp.
Han var en skicklig kriminaltekniker.
Det var hans uppgift
att undersöka brottsplatsen,
att söka spår efter mördaren.
Han grimaserade när han såg den döde.

– Det är visst fotografen själv, sade han.
Jag tog några passfoton här för några år sedan.
Inte fan kunde man tro
att någon skulle slå ihjäl honom.

– Han har haft den här ateljén i många år,
sade Wallander.
Det känns som om han alltid funnits här.

Nyberg hade tagit av sig sin jacka.

– Vad vet vi? frågade han.

– Han upptäcktes av städerskan, Hilda Waldén,
någon gång mellan klockan fem och sex.
Det är faktiskt allt vi vet, sade Wallander.

– Vi vet alltså ingenting, sade Nyberg.

– Nej, svarade Wallander.
Jag tror att det är bäst
att jag åker till polishuset
och pratar med städerskan nu.

Städerskan berättar

Hilda Waldén var i 60-årsåldern.
Hon hade inte mycket att säga.
Hon kände egentligen inte Lamberg,
trots att hon hade arbetat som städerska
i hans fotoateljé i mer än tolv år.

- Jag städar tre morgnar i veckan, måndag,
onsdag och lördag, berättade hon för Wallander.

- När kom du till ateljén i morse?
frågade Wallander.

- Som jag brukar. Strax efter fem,
svarade städerskan. Jag har egen nyckel.

Wallander nickade.

- Dörren var väl låst? frågade han.
Ingen hade brutit upp låset?

- Nej, inte som jag lade märke till, svarade hon.
Jag låste upp och gick in.
Jag skulle just hänga av mig kappan.

Hilda Waldén avbröt sig tvärt och blev tyst.

– Var det då du upptäckte honom?
undrade Wallander.
Hur mycket var klockan?

– Nio minuter över fem, sade städerskan.
Det finns en väggklocka i ateljén.
Jag såg på den.
Kanske för att slippa se honom ligga där död.

– Vad gjorde du sedan? frågade Wallander.

– Jag sprang ut på gatan, svarade Hilda Waldén.
Jag tror att jag skrek.
Jag fick syn på en man med en hund.
Han hade en telefon i fickan, en mobiltelefon.
Han ringde till polisen.

– Kan du förklara för mig
varför Lamberg var i ateljén
så tidigt på morgonen? sade Wallander.

– Jag vet inte.
Jag tror att han brukade gå dit
på kvällarna ibland, sade städerskan.

Wallander nickade.

Förmodligen hade mordet
inte skett på morgonen,
utan redan föregående kväll.
Han tittade på Hilda Waldén.

– Kan du tänka dig någon
som kan ha gjort det här?
Hade han några fiender? frågade han.

– Jag kände honom inte, sade hon.
Jag vet varken om han hade fiender eller vänner.
Jag bara städade hos honom.

Wallander tackade henne.
Han hade inga fler frågor just nu.

En timme senare hade Wallander ett möte
med de andra poliserna Martinsson, Nyberg
och Ann-Britt Höglund.

– Vem kan ha haft glädje av att ha ihjäl
en gammal fotograf? undrade Martinsson.
Han har alltså blivit överfallen i affären.
Hur har mördaren kommit in?

– Antingen med nyckel
eller så har Lamberg släppt in honom,
svarade Wallander.

– Det verkar inte ha varit inbrott i alla fall,
sade Nyberg.
Både dörren och låset är oskadade.
Ingenting tycks heller ha blivit stulet.
Det hela är mycket märkligt.

Wallander vände sig till Ann-Britt Höglund.

– Hur tog Lambergs fru beskedet
att hennes man har blivit mördad? frågade han.

– Elisabeth Lamberg fick förstås en chock,
svarade Ann-Britt Höglund.
Hon och hennes man sover i olika rum.
Hon märker alltså inte
när hennes man kommer hem
om han är ute på kvällen.
De hade ätit middag vid halvsjutiden.
Lite före åtta hade Lamberg gått till ateljén.
Själv hade hon lagt sig strax efter elva
och somnat.
Hon hade ingen aning om
vem som kunde ha gjort det.
Hon påstod att hennes man
inte hade några fiender.

Wallander nickade.

– Då vet vi det, sade han.
Vi har en död fotograf,
men vi har ingenting mer.

Han tittade på de andra.
Martinsson gäspade.
Klockan var tio på förmiddagen,
denna regniga dag i Ystad,
där ett mord hade begåtts.

Fotoalbumet

Ett par timmar senare
återvände Wallander till Lambergs ateljé.
Många människor hade samlats.
Wallander kände flera av dem.
Han nickade och hälsade,
men han svarade inte på några frågor.

Nyberg stod inne i ateljén
med en kopp kaffe i handen.
Den döda kroppen var borta,
bara den stora blodfläcken fanns kvar.

- Vi har hittat ganska många fotavtryck,
berättade Nyberg.

- Det är bra, sade Wallander.

Han fortsatte genom ateljén till det bakre rummet.

Han tog av sig jackan
och såg sig runt i rummet.
Han slog på radion,
som spelade klassisk musik.

Sedan undersökte han skrivbordets lådor.
Han hittade ingenting konstigt.
Lamberg verkade ha levt ett vanligt liv,
utan hemligheter, utan överraskningar.

Wallander böjde sig ner
och drog ut den nedersta lådan.
Där låg ett fotoalbum.
Han lade det framför sig på bordet
och slog upp den första sidan.
Förvånat betraktade han ett litet, ensamt fotografi,
som var inklistrat mitt på sidan.

Det var inte större än ett passfoto.
Wallander kom ihåg att han hade sett
ett förstoringsglas i en av de andra lådorna.
Han letade reda på det, tände skrivbordslampan
och tittade noggrant på bilden.

Den föreställde USA:s tidigare president
Ronald Reagan.
Men någonting var konstigt med bilden.
Ansiktet hade ändrats och förvrängts.
Det var fortfarande Ronald Reagan.
Men ändå inte. Av den rynkige gamle mannen
hade det blivit en bild av ett vidrigt monster.
Strax intill bilden stod ett datum
skrivet med bläck: 10 augusti 1984.

Wallander vände blad. Samma sak igen.
Ett ensamt, litet fotografi inklistrat mitt på sidan.
Den här gången var det en bild
av en av Sveriges tidigare statsministrar.
Man kände igen honom,
men ansiktet hade ändrats,
blivit vanskapt, förvrängt.
Bredvid bilden stod ett datum skrivet.

Han bläddrade vidare i albumet.
På varje sida fanns ett ensamt fotografi,
vanskapt, förvrängt.
Det var svenska och utländska män, bara män
som hade gjorts om till otäcka monster.
De flesta var politiker,
men där fanns också några affärsmän,
en författare och några andra män
som Wallander inte kände igen.

Han begrep sig inte på dessa bilder.
Varför hade Simon Lamberg
detta underliga fotoalbum?
Varför hade han ändrat på fotografierna
och förvandlat dessa män till monster?
Var det för att arbeta med det här albumet
som han satt ensam i ateljén på kvällarna?
Simon Lamberg var kanske inte så vanlig
trots allt.

Kanske fanns det en del hemligheter i hans liv.
Vad var han för en människa egentligen?
Hur kom det sig att han ägnade sin fritid åt
att förstöra kända människors ansikten?

Wallander vände sida i fotoalbumet igen.
Plötsligt drog han häftigt efter andan.
Ett våldsamt obehag spred sig inom honom.
Han hade svårt att tro att det han såg var sant.
I samma ögonblick kom Ann-Britt Höglund
in i rummet.

- Se på det här, sade Wallander.

Han pekade på fotografiet.
Hon böjde sig över hans axel.

- Det är ju du, sade hon förvånat.

- Ja, svarade Wallander. Det är jag.
Kanske är det jag i alla fall.

Han såg på bilden igen.
Det var ett fotografi från någon tidning.
Det var han, men ändå var det inte han.
Han var sig inte lik.
Han såg ut som ett fruktansvärt monster.

Änkan

Wallander, Ann-Britt Höglund och Nyberg
hade samlats i ateljéns bakre rum.
De bläddrade i Lambergs fotoalbum,
tittade på de vanställda, förvrängda ansiktena.
Den sista bilden var från dagen innan.
Den svenske statsministern
hade fått sitt ansikte förstört.

– Lamberg måste ha varit sjuk, sade Nyberg.
Bara en galen människa
skulle hålla på med det här.

– Jag undrar varför jag är med i albumet,
bland alla statsmän och presidenter,
sade Wallander.
Jag tycker det är mycket obehagligt.

Wallander kände sig illamående
när han kom ut på gatan.
Efter att ha promenerat en stund i regnet
mådde han bättre,
men han kunde inte sluta
att tänka på fotoalbumet.

Han tänkte på sitt eget förkrympta,
vanställda ansikte.
Bara en galen människa skulle göra något sådant.
Han bestämde sig för att besöka Lambergs fru
och ställa några frågor till henne.

Han tog bilen till Lavendelvägen,
där Elisabeth Lamberg bodde.
Huset låg i en välskött trädgård.
Han ringde på dörren.
Kvinnan som öppnade var mycket blek.
Wallander presenterade sig.

- Jag är ledsen att jag kommer och stör,
sade han. Jag beklagar sorgen.

- Tack, sade kvinnan.

De satte sig i vardagsrummet.

- Vet du vem som kan ha dödat min man?
frågade Elisabeth Lamberg.

Wallander ruskade på huvudet.

- Vi har inga direkta spår än,
sade han, men det verkar i alla fall
inte ha varit fråga om inbrott.

Mördaren måste ha haft egen nyckel,
om inte din man själv släppte in honom.

– Simon var alltid mycket försiktig, sade hon.
Han skulle inte ha öppnat för någon okänd,
minst av allt på kvällen.

– Det var kanske någon som han kände,
sade Wallander.

– Har ni några barn? frågade han sedan.

– En dotter, Matilda. Hon är 24 år.

– Hon bor kanske inte hemma längre?
sade Wallander.

Fru Lamberg satt tyst en lång stund
innan hon svarade.

– När Matilda föddes var hon svårt handikappad.
Vi hade henne hemma i fyra år.
Sedan gick det inte längre.
Nu bor hon på ett hem för handikappade.
Hon klarar ingenting själv.
Hon behöver hjälp med allt.
Det var Simon som inte ville
att hon skulle bo kvar hemma.

Det var hans beslut, inte mitt.
Det blev som han bestämde.

Wallander kom av sig.
Han visste inte vad han skulle säga.
Han såg smärtan och sorgen
i Elisabeth Lambergs ögon.

- Vem kan ha velat döda din man? frågade han.

- Jag vet inte, svarade hon.
Jag kände honom egentligen inte.
Han blev en främling för mig
när han lämnade bort vår dotter.
Då tyckte jag plötsligt
att jag inte längre visste vem han var.

- Men det är ju tjugo år sedan! sade Wallander.
Ni har ju fortsatt att vara gifta alla dessa år.
Nog måste du ha känt din man.

- Vissa saker går aldrig över, sade hon.
Han har fortsatt att vara en främling för mig.
Jag visste inte vem han var innerst inne.
Vi bodde i samma hus.
Det var allt.

Wallander tänkte efter innan han fortsatte.

– Du har alltså ingen aning om
vem som dödade honom
eller varför han blev dödad?

– Nej, svarade Elisabeth Lamberg.

Wallander tyckte att det var dags
att ställa den viktigaste frågan.

– I fotoateljén hittade vi ett album, började han.
Där fanns fotografier av kända män.
Mitt ansikte var också med.
Känner du till det albumet?

– Nej.

– Din man hade förändrat bilderna,
fortsatte Wallander.
Alla dessa män, även jag själv,
såg ut som monster.
Din man måste ha ägnat många timmar åt
att förstöra våra ansikten.
Det känner du alltså inte heller till?

–Nej.

Wallander förstod att hon talade sanning.
Hon visste verkligen inte mycket om sin man.

Han reste sig ur stolen.
Han hade inte fler frågor just nu.
Elisabeth Lamberg följde honom
till ytterdörren.

– Min man hade många hemligheter,
sade hon plötsligt.
Simon hade många hemliga rum.

Wallander sade ingenting.
Han nickade bara,
satte sig i bilen och åkte hem.

Senare på kvällen tänkte han på
vad fru Lamberg hade sagt.
Vad hade hon egentligen menat?
Simon var en man med många hemliga rum?
Som om det bakre rummet i ateljén
bara var ett av dem.
Fanns det fler hemliga rum
som de ännu inte hade hittat?

Klockan var strax efter elva
när Wallander somnade.
Fyra minuter i midnatt ringde telefonen.
Yrvaket lyfte han på luren och svarade.
En man presenterade sig och berättade
att han var ute och rastade sin hund.

– Alldeles nyss såg jag någon
smyga sig in i Lambergs fotoaffär,
viskade rösten i telefonen.

Mannen pratade i en sprakande mobiltelefon.
Plötsligt bröts samtalet.
Wallander blev sittande med luren i handen.
Sedan steg han hastigt upp
och började klä på sig.

Den flyende mannen

Wallander halvsprang till ateljén.
Det tog fjorton minuter.
När han kom dit
upptäckte han genast en man med hund.
Mannen hette Lars Backman
och var i 70-årsåldern.
Det var samma person
som hade hjälpt städerskan
Hilda Waldén tidigt på morgonen.
Han hade ringt polisen
när städerskan hade hittat Lambergs lik.

- Jag bor på Ågatan här intill, berättade mannen.
Jag är ute med min hund tidigt på morgnarna
och sent på kvällarna.
För en stund sedan såg jag en man
smyga in genom dörren till fotoateljén.

- Är han fortfarande kvar i affären?
frågade Wallander.

- Ja, jag har inte sett honom komma ut,
svarade mannen.

Wallander tog upp sin mobiltelefon.
Han ringde till Nyberg, teknikern,
och bad honom att komma genast.
En stund senare dök Nyberg upp.
Wallander berättade hastigt vad som hänt.
Det var någon inne i ateljén.

Försiktigt började de gå mot Lambergs fotoaffär.
I samma ögonblick öppnades dörren
och en man kom ut.
De kunde inte se hans ansikte i mörkret,
men de förstod att han hade fått syn på dem.
I någon sekund stod mannen alldeles stilla.
Sedan började han springa med våldsam fart.

Wallander följde efter.
Han sprang så fort han kunde men märkte snart
att han inte var lika snabb
som den flyende mannen.
Avståndet ökade. Mannen svängde åt höger
och fortsatte mot Folkparken.
Wallander förföljde honom
genom de ödsliga gatorna.

Plötsligt snubblade Wallander
och ramlade omkull.
Han slog ena knät hårt i gatan
och slet upp ett hål i byxorna.

Han reste sig och fortsatte att springa,
men det gjorde ont i benet.
Avståndet till mannen ökade hela tiden.
Wallander kom längre och längre efter.
Han såg den flyende mannen försvinna
runt ett gathörn.
Han försökte öka farten igen.

Mannen väntade på andra sidan gathörnet.
Ett våldsamt slag
träffade Wallander rakt i ansiktet.
Han hann inte förstå vad som hände.
Det blev alldeles mörkt.
Han svimmade.

När Wallander vaknade upp dröjde det en stund
innan han kom ihåg var han var.
Han satte sig upp.
Det värkte i vänster kind.
Med tungan kunde han känna
att en tand hade slagits av.
Knät värkte.
Han hade en sprängande huvudvärk.
Mannen var förstås borta.
I stället stod Nyberg där.

– En polisbil kommer strax, sade han.
Vi måste köra dig till sjukhuset.

Wallanders skador var inte så allvarliga.
Klockan fyra på morgonen
kunde han lämna sjukhuset.
Han begav sig genast till Lambergs ateljé.
Nyberg var redan där.

– Jag kan inte se att någonting är borta
eller förändrat, sade Nyberg.
Och låset är oskadat.
Mannen måste ha haft egen nyckel.
Jag vet att jag låste ordentligt i går kväll.

– Åk hem och lägg dig nu, sade Wallander.

– Det borde du också göra, sade Nyberg.

– Ja, jag vet, sade Wallander.
Men jag stannar nog en stund i alla fall.

Nyberg åkte hem.
Wallander var ensam i ateljén.
Han gick in i det bakre rummet.
Han hade en känsla av
att det var där han borde leta.
Allt var som han mindes det.
Han gick fram till skrivbordet
och öppnade lådorna.
Inget verkade vara borta eller förändrat.

Sedan satte han på radion.
Han hade väntat sig klassisk musik,
men i stället spelades våldsam rockmusik.

Wallander funderade.
Radion hade varit inställd på en kanal
som bara spelade klassisk musik.
Så var det inte längre.
Någon hade bytt kanal på radion.
Det fanns bara en möjlighet.
Det var den okände mannen
som hade bytt kanal.
Frågan var bara varför.

Psalmboken och resan

Senare på dagen kom Martinsson in
på Wallanders kontor.
Det syntes på hans ansikte
att något viktigt hade hänt.

- Vi hittade aldrig mannen
som slog ner dig i natt, sade Martinsson,
men någon har i alla fall sett honom.
Någon såg honom i en trädgård
på Timmermansgatan.
Där bor en ung familj som heter Zoran.
Frun i huset var vaken.
Genom fönstret såg hon en man i trädgården.
När hon gick ut i dag på morgonen
hittade hon en sak precis där mannen hade stått.

- Vad hittade hon? frågade Wallander.

- Kom med till mitt kontor så ska du få se,
svarade Martinsson.

Wallander följde Martinsson till hans kontor.
På skrivbordet låg en psalmbok.

– Var det den hon hittade?
sade Wallander och pekade.
En psalmbok!
Varför kom hon hit med den?

– Tja, varför inte, svarade Martinsson.
Det har skett ett mord i staden.
Hon hade sett en mystisk person
röra sig i trädgården mitt i natten.
På morgonen hittade hon psalmboken
och kom hit med den.

– Vem i helvete bär omkring på
en psalmbok mitt i natten?
undrade Wallander.

– Och vem tappar den i en trädgård
efter att ha slagit ner en polis,
lade Martinsson till.

– Låt Nyberg ta hand om psalmboken,
sade Wallander.
Och tacka familjen Zoran för hjälpen.

När Martinsson hade gått
åkte Wallander till Lavendelvägen
för att prata med Elisabeth Lamberg igen.
Han lade åter märke till hur blek hon var.

De satte sig i vardagsrummet.

– Förra gången jag var här sade du
att din man hade många hemligheter,
började Wallander.
Du påstod att han hade många hemliga rum.
Vad menade du med det?

– Han var en hemlighetsfull människa,
en sluten människa.
Man visste aldrig vad han tänkte
eller om han verkligen menade det han sade.
Jag kunde aldrig vara säker på
vem han egentligen var.

– Var din man sådan redan när ni träffades?
frågade Wallander.

– Nej, det var han nog inte,
svarade Elisabeth Lamberg,
men han förändrades mycket.
Det började redan när Matilda föddes.

– För 24 år sedan?

– Ja, fast kanske inte med detsamma.
Låt mig säga att han började förändras för 20 år sedan, ungefär då vi lämnade bort Matilda.

I början trodde jag att det var en sorts sorg
som hade med vår dotters
svåra handikapp att göra.
Men sedan, när det blev värre,
visste jag inte längre.

- På vilket sätt blev det värre? frågade Wallander.

- Simon blev plötsligt ännu mer hemlighetsfull
och sluten. Det var för ungefär sju år sedan.

- Vad hände då? undrade Wallander.

- Det kan ha haft någonting att göra med en resa
som han gjorde, svarade fru Lamberg.
Han tog semester i 14 dagar
och följde med en gruppresa.
De for med buss till Österrike.

- Men var du inte med? frågade Wallander.

- Nej, han ville resa ensam.
Jag hade heller ingen lust att följa med.
När Simon kom hem var han helt förändrad.
Han verkade både glad och sorgsen
på samma gång.
När jag frågade honom hur resan hade varit
blev han fruktansvärt arg.

Han fick ett raseriutbrott.

Wallander tog fram en anteckningsbok.

- När hände det här mer exakt? frågade han.

- I februari eller mars 1987.
Bussresan gick från Stockholm,
men Simon steg på i Malmö.
Jag tror att resebyrån hette Markresor.

Wallander skrev i sin anteckningsbok.

- Trodde din man på Gud?
frågade han plötsligt.

- Nej, svarade Elisabeth Lamberg förvånat.
Det kan jag inte tänka mig.

Wallander stoppade ner anteckningsboken
och reste sig.
Han bad att få se Simon Lambergs rum.
I två timmar sökte han genom rummet,
men han hittade ingenting intressant,
inget som verkade ha med mordet att göra.

Han tog farväl av Elisabeth Lamberg
och for tillbaka mot polishuset.

Något hände på en resa till Österrike
för sju år sedan, tänkte Wallander
medan han körde genom staden.
Han måste ta reda på mer om den resan.

Matilda

Wallander talade med Ann-Britt Höglund
om Lambergs resa till Österrike.
Hon lovade att försöka ta reda på mer om resan.

Därefter berättade Ann-Britt Höglund
att hon hade besökt vårdhemmet
där Lambergs dotter bodde,
den svårt handikappade Matilda.
Hon hade pratat med hemmets chef,
Margareta Johansson,
och fått veta något mycket konstigt.
Under alla år hade Simon Lamberg
aldrig varit där och hälsat på sin dotter.
Däremot brukade flickans mor
komma en gång i veckan, oftast på lördagarna.

– Sedan fick jag veta något annat underligt,
sade Ann-Britt Höglund.
Ibland kommer det också
en annan kvinna på besök,
en okänd kvinna, ingen vet vem hon är.
Ibland kommer hon till vårdhemmet
för att besöka Matilda.

Wallander rynkade pannan.
En okänd kvinna.
Plötsligt var känslan mycket stark.
Han var säker.
De hade äntligen fått upp ett spår.

Wallander bestämde sig
för att genast åka ut till vårdhemmet
där Matilda Lamberg fanns.

När han kom dit frågade han efter chefen,
Margareta Johansson.
Han blev visad till hennes kontor.

- Jag antar att du har kommit hit
för att fråga om Matilda Lamberg, sade hon.

- Ja, men jag är mest intresserad av en kvinna
som brukar besöka henne, en kvinna
som inte är hennes mor, svarade Wallander.

Margareta Johansson såg orolig ut.

- Har hon något med mordet på pappan att göra?
frågade hon.

- Det tror jag inte, svarade Wallander,
men jag undrar ändå vem hon är.

– Matilda får inte många besök,
berättade Margareta Johansson.
När jag kom hit för fjorton år sedan
hade hon redan varit här i sex år.
Det var bara hennes mamma som hälsade på.
Matilda märker knappast om hon får besök,
hon är både blind och döv,
men man vill ju gärna
att hon ska få besök i alla fall.

– När började den andra kvinnan komma hit?
frågade Wallander.

Margareta Johansson tänkte efter.

– För sju, åtta år sedan, sade hon.
Det är väldigt olika hur ofta hon kommer.
Ibland har det gått ett halvår mellan gångerna.

– Och hon har aldrig sagt sitt namn?
frågade Wallander.

– Nej, aldrig. Hon har bara sagt
att hon har kommit för att besöka Matilda.
Elisabeth Lamberg har förstås undrat
vem kvinnan är.
Hon har bett oss att ringa efter henne
när den andra kvinnan är här.

Problemet är att den okända kvinnans besök
alltid är mycket korta.
Elisabeth Lamberg har aldrig hunnit hit
innan den andra kvinnan har varit borta igen.

– Kan du beskriva henne för mig?
undrade Wallander.

– Hon är mellan 40 och 50 år gammal,
sade Margareta Johansson.
Smal, inte särskilt lång.
Enkelt men snyggt klädd.
Ljust kortklippt hår.
Osminkat ansikte.

Wallander antecknade.
Sedan reste han sig.

– Vill du inte träffa Matilda?
frågade Margareta Johansson.

– Nej, jag hinner tyvärr inte, svarade han.
Han sade adjö och gick bort till sin bil.
Han hade just startat motorn
när mobiltelefonen ringde.
Det var Ann-Britt Höglund.

– Jag har fått tag på chauffören, sade hon.

Chauffören som körde bussen
på resan till Österrike,
den resa som Lamberg gjorde för sju år sedan.
Chauffören har kvar en lista med alla deltagarna.
Dessutom har han en massa fotografier
från just den resan,
fotografier som Simon Lamberg tog.
Chauffören bor i Trelleborg.

– Bra, sade Wallander.
Vi ska besöka honom så fort som möjligt.

Men först måste Wallander göra ett besök.
Det besöket kunde inte vänta.
Han tänkte åka raka vägen
till Elisabeth Lamberg.
Han hade en fråga
som han genast ville ha svar på.

Den okända kvinnan

Elisabeth Lamberg var ute i trädgården.
Hon hade solglasögon på sig.
Vädret var vackert.
Solen sken.
I handen hade hon en spade,
som hon lade ifrån sig när Wallander kom.

– Jag är ledsen att jag kommer och stör igen,
sade Wallander,
men jag har en fråga som inte kan vänta.

Han berättade att han hade varit
på vårdhemmet och att han där
hade hört talas om den andra, okända kvinnan,
som brukade besöka Matilda.

– När vi pratade om Matilda förra gången
nämnde du aldrig henne, fortsatte Wallander.
Det förvånar mig.
Det gör mig nyfiken också.

– Jag trodde inte att det var viktigt,
sade Elisabeth Lamberg.

– Är det inte så att du egentligen vet
vem den där kvinnan är, men att du inte
vill tala om henne? frågade Wallander.

Fru Lamberg tog av sig solglasögonen
och såg på honom.

– Jag vet inte vem hon är, sade hon.
Jag har försökt att ta reda på det,
men jag har inte lyckats.

– Du kunde ha förbjudit personalen
att släppa in henne till Matilda,
åtminstone om hon inte sade sitt namn,
sade Wallander.
Jag tycker att det hela är mycket märkligt.
Varför har du inte berättat om henne för mig?

– Jag inser nu att jag borde ha gjort det,
sade Elisabeth Lamberg.

– Du måste ha undrat över vem hon är,
varför hon gjorde de här besöken,
sade Wallander.

– Naturligtvis har jag gjort det.
Det var också därför jag gick med på
att hon fick fortsätta med besöken.

Jag trodde att jag en dag skulle hinna dit
och kunna ta reda på vem hon är,
sade fru Lamberg.

– Frågade du aldrig din man om henne?
undrade Wallander.

– Varför skulle jag göra det?
sade Elisabeth Lamberg.
Han intresserade sig ju inte för Matilda.

Wallander hade en känsla av
att det fanns ett samband mellan Simon Lamberg
och den okända kvinnan.
Men det sade han inte till fru Lamberg.

Sent på eftermiddagen for Wallander
till Trelleborg med Ann-Britt Höglund.
De skulle träffa chauffören
som hade kört bussen till Österrike.
Han hette Anton Eklund
och var en kraftig man med grått hår.
Han bad dem stiga in i lägenheten.
Kaffet var redan framdukat.
Han hade också tagit fram en lista med namn
på dem som var med på resan till Österrike 1987.
Wallander tog en bit sockerkaka.
Sedan tittade han på listan.

Där fanns 32 namn.
Han upptäckte genast Lambergs namn.
Han kände inte igen de andra namnen.
Han räckte listan till Ann-Britt Höglund.
Sedan vände han sig till Eklund igen.

– Du hade visst fotografier från resan, sade han.

– Ja, Lamberg var ju fotograf.
Han tog många bilder under resan.
När vi hade återvänt hem
skickade han mig en bunt fotografier.

Det var sammanlagt 19 bilder.
Wallander tittade noga på dem,
studerade detaljer och ansikten.
Plötsligt lade han märke
till ett speciellt ansikte,
en kvinnas ansikte, som var med
på nästan alla bilder.
Hon såg alltid rakt in i kameran och log.

Wallander fick en känsla av
att han kände igen henne,
att han hade sett henne förut någonstans.

Han gav Ann-Britt Höglund bilderna.
Sedan fortsatte han att prata med Eklund.

- Vad minns du av Lamberg? frågade han.

- Till en början märkte jag honom knappt,
svarade Eklund.
Men sedan hände ju ett och annat.
Lamberg fick ihop det
med en av damerna på resan.
De blev förälskade.
Jag vet inte om det var så lämpligt.
Damen var gift
och hennes man var med på resan.
Sedan var det ju en sak till.

- Vad då? frågade Wallander.

- Damen var prästfru.
Hennes man var präst, svarade Eklund.

Wallander tänkte genast på psalmboken
som den flyende mannen
hade tappat i en trädgård.
Han tittade på Ann-Britt Höglund
och såg att hon tänkte på samma sak.
Sedan pekade han på ett av fotografierna.
Han pekade på kvinnan
som han hade tyckt sig känna igen.

- Är det hon? frågade han.

– Ja, det är hon, svarade Eklund.
Det är prästfrun.

Plötsligt visste Wallander vem hon var.

– Vad hette den här prästfamiljen? frågade han.

– Wislander. Han hette Anders och hon Louise,
svarade Eklund.

Deras adress fanns med på listan.

– Vi skulle behöva låna bilderna, sade Wallander.

Anton Eklund nickade.

Poliserna tackade för hjälpen och kaffet.
Sedan skyndade de ut på gatan
och satte sig i bilen.
Wallander ringde till Martinsson.
Han bad honom att ta reda på
om Wislander fortfarande var präst
och bodde i närheten av Lund.
Sedan vände han sig till Ann-Britt Höglund.

– Den här kvinnans utseende stämmer
med beskrivningen av den okända kvinnan
som besöker Matilda, sade han.

Vi måste åka till vårdhemmet
och visa fotografierna.
Jag är nästan säker på att det är hon.

- Tror du att hon är mördaren också?
frågade Ann-Britt Höglund.

Wallander satt tyst en stund.

- Nej, sade han sedan.
Men det skulle kunna vara hennes man.

Hon kastade en förvånad blick på honom.

- Menar du att en präst
skulle ha mördat Lamberg? frågade hon.

Wallander nickade.

- Varför inte? sade han.
Präster är också människor.
Visst kan det vara en präst.

Plötsligt kom han att tänka på en sak.
Lamberg hade dött av ett hårt slag
mot bakhuvudet. Enligt läkaren
som hade undersökt Lambergs kropp
fanns det spår av metall i såret.

Det fanns små flagor av mässing i såret.
Mordvapnet måste ha varit
ett tungt föremål av mässing.
I kyrkor brukar det finnas
ljusstakar och annat av mässing.
Ja, visst kunde mördaren vara präst.

De körde till vårdhemmet
där de träffade Margareta Johansson.
Hon tittade på fotografierna av prästfrun.

– Ja, det är den kvinnan
som brukar besöka Matilda, sade hon.

Ann-Britt Höglund och Wallander
fortsatte snabbt till polishuset i Ystad.
De gick raka vägen in till Martinsson.

– Anders Wislander är fortfarande präst
utanför Lund, sade Martinsson.
Men just nu är han sjukskriven.

– Varför det? frågade Wallander.

På grund av en personlig olycka.
Hans fru dog för en månad sedan.

Prästen

Wallander visste inte vad han skulle tro.
Prästfrun Louise Wislander var död.
Hur hade hon dött?
Hade hennes död någonting att göra
med mordet på Simon Lamberg?
För sju år sedan, under en bussresa till Österrike,
hade hon och Lamberg blivit förälskade.
Hade de fortsatt att träffas efter det?
Varför hade prästfrun besökt
den svårt handikappade Matilda?

Det fanns många frågor.
Kanske kunde prästen, Anders Wislander,
ge svar på några av dem.

Nästa morgon for Wallander och Martinsson
till Lund.
De tänkte söka upp Wislander i hans bostad.
Han bodde i en villa.
De visste inte om han skulle vara hemma.

Wallander ringde på dörren.
Efter en stund ringde han igen.

Han ringde flera gånger, men ingen öppnade.

– Vänta här, sade han till Martinsson.
Hans kyrka ligger inte så långt härifrån.
Jag kör dit och ser om Wislander är där.
Du stannar och håller uppsikt vid huset.
Vi har ju våra telefoner.
Skulle han dyka upp så ringer du mig.

Det tog honom tjugo minuter
att köra till kyrkan.
Kyrkporten var olåst.
Wallander gick in och drog igen
porten bakom sig.

Allt var mycket tyst.
Ljuden utifrån trängde inte in
genom de tjocka murarna.
Wallander fortsatte framåt i kyrkan.
Solen sken genom de målade fönstren.

På första bänkraden, närmast altaret,
satt en man.
Han satt framåtböjd som om han bad.
Först när Wallander kommit ända fram
tittade mannen upp.
Wallander kände igen honom
från ett av busschaufförens fotografier.

Det var prästen, Anders Wislander.
Han såg trött ut.
Han var orakad och ögonen var blanka.

– Är du Anders Wislander? frågade Wallander.

Mannen såg allvarligt på honom.

– Vem är du? frågade han.

– Jag heter Kurt Wallander och är polis.
Jag vill prata med dig.

– Jag har sorg. Du stör mig.
Lämna mig i fred! skrek mannen.

– Jag vet att din hustru är död,
sade Wallander lugnt.
Det är det som jag vill tala med dig om.

Wislander reste sig upp mycket häftigt.
Det fanns någonting vilt i hans blick.

– Du stör mig och du går inte
trots att jag ber dig, sade han.
Vad vill du egentligen?

Wallander svarade inte.

Han hade fått syn på två stora ljusstakar,
som stod på ett bord lite vid sidan av.
En av ljusstakarna var skadad.
Det fattades en ljusarm på den.
Ljusstaken var av mässing.

Prästen såg att Wallander
betraktade den skadade ljusstaken.
I nästa ögonblick gick han till attack.

Wallander var helt oförberedd.
Prästen kastade sig över honom med ett rytande.
Han högg fingrarna runt hans hals.
Wislanders kraft, eller hans galenskap,
var mycket stor.
Hela tiden skrek han om Simon Lamberg,
om fotografen som måste dö.

Wallander kämpade emot av alla krafter.
Med en våldsam ansträngning
lyckades han slita sig loss,
men Wislander kastade sig över honom igen,
som ett djur som slåss för sitt liv.
Under brottningen kom de bort till bordet
där ljusstakarna stod.
Wallander lyckades få grepp om en av dem.
Han slog ljusstaken i ansiktet på prästen,
som genast sjönk ihop.

Först trodde Wallander
att han hade slagit ihjäl Wislander
men märkte sedan att han andades.

Med darrande händer
slog han telefonnumret till Martinsson.

– Jag är i kyrkan, sade Wallander.
Ta en taxi och kom hit.

– Är Wislander där?

– Ja, han är här. Och allt är över.

Galenskap

Några dagar senare samlades Wallander,
Martinsson, Ann-Britt Höglund och Nyberg.
Det var dags att sammanfatta
allt som hade hänt.
Wallander hade ägnat många timmar
åt att förhöra Wislander.
Han visste det mesta nu.

Efter bussresan till Österrike
hade Simon Lamberg och Louise Wislander
fortsatt att träffas i hemlighet.
Louises man hade ingenting vetat.
Det var först när hon låg döende
som han hade fått reda på det.
Louise hade drabbats av cancer.
På dödsbädden berättade hon för sin man
om sin kärlek till Simon Lamberg.

Sedan hade Wislander blivit galen.
Dels var han galen av sorg
över hustruns död.
Dels var han galen av ursinne och förtvivlan
över att hon haft en annan man.

I sin galenskap och förvirring
började Wislander till sist tro
att Lamberg var skyldig till hustruns död.

Wislander sjukskrev sig.
Han flyttade in på ett hotell i Ystad
och började bevaka Lambergs fotoateljé.
Han följde också efter städerskan,
Hilda Waldén. På något sätt
fick han tag på hennes nyckel till ateljén.
Han gjorde en kopia av nyckeln
och lade tillbaka den
innan hon ens hann märka att den var borta.

Med hjälp av nyckeln tog han sig in i ateljén.
Han slog ihjäl Lamberg
med ljusstaken av mässing.
Men Wislander var så förvirrad
att han fick för sig
att Lamberg fortfarande levde.
Det var därför han återvände till ateljén.
Han gick faktiskt tillbaka dit
för att slå ihjäl honom en gång till.

Det var också då han gick in
i det bakre rummet i Lambergs ateljé.
Där hade han fått för sig
att han skulle kunna höra Guds röst i radion.

Han skruvade och vred på radions knappar,
men han fick bara in en kanal
som spelade rockmusik.

Lambergs fotoalbum hade ingenting
med mordet att göra.
Lamberg tyckte helt enkelt inte om politiker
och andra män med makt.
Därför förminskade och förstörde han
deras ansikten.

– Varför besökte Louise
den handikappade dottern?
frågade Ann-Britt Höglund.

– Det får vi nog aldrig veta, svarade Wallander.
Vi får heller aldrig veta
varför prästfrun och fotografen
blev förälskade i varandra.

Wallander tittade ut genom fönstret.
Utanför sken solen.
Det verkade som om våren
hade kommit på allvar.

– Det finns alltid hemliga rum
dit vi inte lyckas tränga in.
Och väl är kanske det, sade Wallander.

Weitere Lättläst-Taschenbücher im GROA Verlag:

Döden och kärleken i Kumla

von Håkan Nesser

Bearbeitung: Johan Werkmäster

Es ist Sommer 1967. Der 16-jährige Mauritz wohnt in dem langweiligen Ort Kumla. Er ist verliebt in die schöne Nachbarstochter. Dann geschieht plötzlich ein Mord ...

ISBN 978-3-933119-75-9 • 152 S. • € 11,95

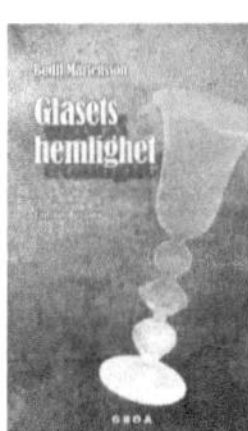

Glasets hemlighet

von Bodil Mårtensson

Der Antikhändler Gerner wird tot in seinem Laden gefunden. Die Journalistin Annelie Bergelin ist sofort davon überzeugt, dass er ermordet wurde. Hat es vielleicht mit dem mysteriösen Glas zu tun, das sie von ihm geliehen hatte?

ISBN 978-3-933119-72-8 • 108 S. • € 9,95

Slottet Standheart - ett farligt arv

von Bodil Mårtensson

Die Journalistin Annelie Bergelin erhält ein unerwartetes Erbe - ein Schloss in Schottland! Sie macht sich sofort auf die Reise. Schon bald nach Ihrer Ankunft passiert beinahe ein Unglück. Oder war es vielleicht ein Attentat?

ISBN 978-3-933119-77-3 • 104 S. • € 9,95

Dödens och suckarnas stad
Ett stillsamt litet mord
Ormblomman

von Håkan Nesser

Bearbeitung: Johan Werkmäster

Drei Krimis von einem der beliebtesten Autoren Schwedens.

ISBN 978-3-933119-65-0 • 160 S. • € 11,95

Körkarlen

von Selma Lagerlöf

Bearbeitung: Cecilia Davidsson

Der Geselle des Todes, „Körkarlen“, steht am Bett der sterbenden Schwester Edith. Doch vor ihrem Tod will sie noch einmal mit dem Mann sprechen, den sie liebt.

ISBN 978-3-933119-85-8 • 104 S. • € 9,95

Herr Arnes penningar

von Selma Lagerlöf

Bearbeitung: Gerd Karin Nordlund

Eine Geschichte aus alten Zeiten über Geister und Mörder

ISBN 978-3-933119-90-2 • 64 S. • € 7,95

Arn – Vägen till Jerusalem

von Jan Guillou

Bearbeitung: Johan Werkmäster

Ein historischer Abenteuerroman, der sich im 11. Jahrhundert in Schweden und Dänemark abspielt

ISBN 978-3-933119-70-4 • 192 S. • € 11,95

Weitere Informationen, z. B. über das Lehrwerk *Tala svenska*, erhalten Sie auf *www.groa.de.*

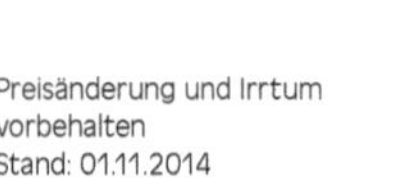
Preisänderung und Irrtum vorbehalten
Stand: 01.11.2014